Uzay

Sayılarla Boyayalım
Çıkartmalı Eğlence

Başlamadan önce:

Bütün uzay bulmacalarının kendi renk anahtarı var. Resimlerdeki rakamlara bakarak her bir rakama denk gelen rengi bulun ve resmin bütün kısımlarını doğru renklere boyayın. Üzerinde rakam olmayan bölümleri beyaz bırakın.

Her sayfada beni bul!

Örnek renk anahtarı:

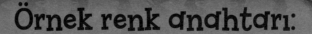

1 2 3 4 5 6

TÜRKİYE İŞ BANKASI
Kültür Yayınları

Hangi uzaylının giysisinde üçgen var?

Uzaylıların gemisini bulabilir misin?

Bu gezegende kaç roket var?

Uzaylı Zuzu

 1 2 3 4 5 6

Zuzu'nun kaç bacağı var?

1 2 3 4 5 6

Kuyruklu yıldızı bulabilir misin?

En büyük yıldızın arkasında kaç kuyruk var?

Uzay sahnesi

Bastırıp çıkarabileceğin bu maketlerle kendi uzay sahneni yaratabilirsin. Önce roketi, uzaylıyı, astronotu ve uzay resmini ayır. Sonra hepsini uygun ayakların üstüne yerleştir ve muhteşem manzaranın tadını çıkar.

Bu sahneyi çıkartma sayfasındaki çıkartmalarla tamamla!

Pencereden neler görüyorsun?

Yıldız Gözlemi

1 2 3 4 5 6

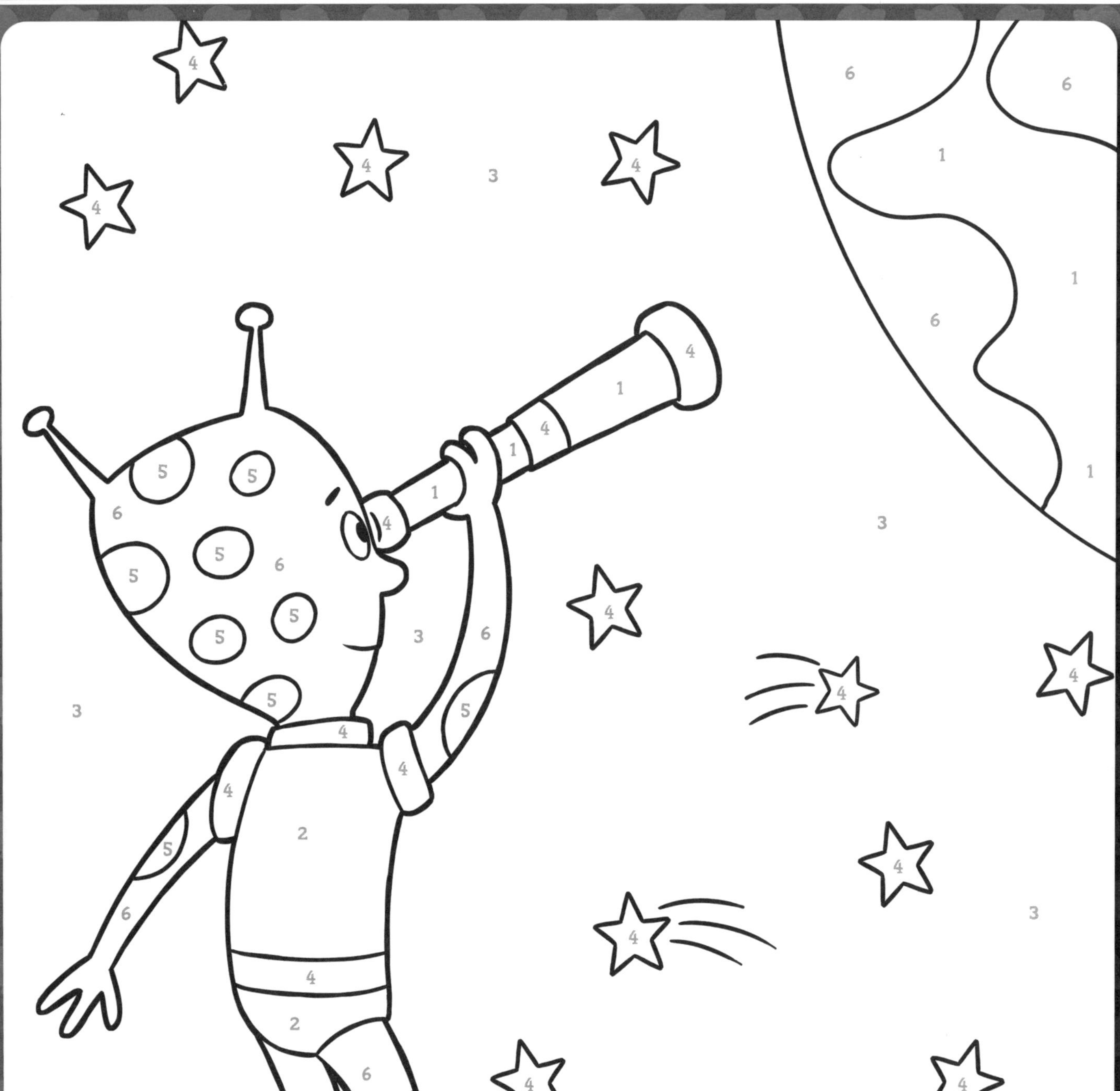

Uzaylının kaç beneği var?

Hangi uzaylının üç gözü var?

1 2 3 4 5 6

Astronotun elinde ne var?

Gezegen Araştırması

Uzay aracı ne renk?

Resimde kaç tane kuyruklu yıldız var?

Hangi uzaylının benekleri var?

Ayşe'nin eldivenleri ne renk?